La **exploración** de **California**

Serena Haines

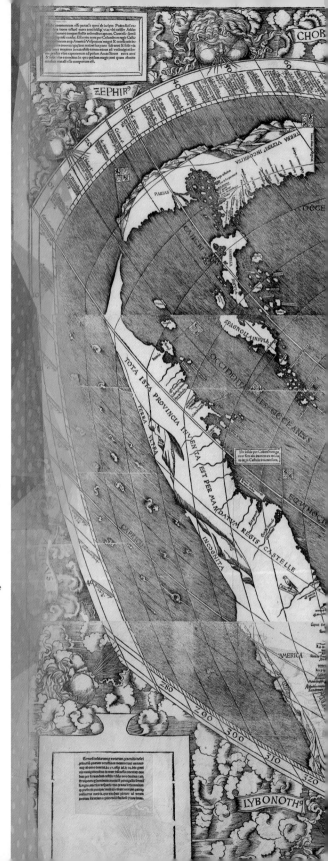

Asesores

Kristina Jovin, M.A.T.
Distrito Escolar Unificado Alvord
Maestra del Año

Bijan Kazerooni, M.A.
Departamento de Historia
Universidad Chapman

Créditos de publicación

Rachelle Cracchiolo, M.S.Ed., *Editora comercial*
Conni Medina, M.A.Ed., *Redactora jefa*
Emily R. Smith, M.A.Ed., *Realizadora de la serie*
June Kikuchi, *Directora de contenido*
Caroline Gasca, M.S.Ed., *Editora superior*
Marc Pioch, M.A.Ed., y Susan Daddis, M.A.Ed., *Editores*
Sam Morales, M.A., *Editor asociado*
Courtney Roberson, *Diseñadora gráfica superior*
Jill Malcolm, *Diseñadora gráfica básica*

Créditos de imágenes: portada y pág.1 National Gallery of Art; págs.2–3 Library of Congress [g3200.ct000725C]; págs.5 (primer plano), 9 North Wind Picture Archives; pág.5 (fondo) Library of Congress [g4410.ct000196]; pág.6 (inferior), Library of Congress [g3200.ct000725C]; págs.6–7, 20 (frente), 29 (centro) Granger, NYC; pág.8 (izquierda) CarverMostardi/Alamy Stock Photo, (derecha) Wallace Collection, London, UK/Bridgeman Images; pág.10 NASA Earth Observations Laboratory, Johnson Space Center; pág.11 Stock Montage, Inc./Alamy Stock Photo; pág.12 (frente) Los Angeles Public Library Photo Collection; pág.13 (superior) Album/sfgp/Newscom; pág.14 fotografía de Chris Stone/Times of San Diego; pág.15 Encyclopaedia Britannica/UIG Universal Images Group/Newscom; pág.17 Stephen Saks Photography/Alamy Stock Photo; págs.18–19 Library of Congress [LC-DIG-highsm-21575]; pág.19 (frente) dominio público ca. siglo XVII; págs.20–21 Universal Images Group North America LLC/Alamy Stock Photo; pág.22 Black Gold Cooperative Library System; pág.23 Sarin Images/Granger, NYC; pág.24 (superior) Library of Congress [det.4a31561]; págs.24–25 Library of Congress [LC-DIG-ppmsca-17978]; págs.26, 29 (inferior) UCLA, Library Special Collections, Charles E. Young Research Library; pág.28 World History Archive/Newscom; pág.29 (superior) Library of Congress [g4410.ct000196]; pág.32 Album/sfgp/Newscom; todas las demás imágenes cortesía de iStock y/o Shutterstock.

Library of Congress Cataloging-in-Publication Data
Names: Haines, Serena, author.
Title: La exploración de California / Serena Haines.
Other titles: Exploration of California. Spanish
Description: Huntington Beach : Teacher Created Materials, 2020. | Audience: Grade 4 to 6. | Summary: "The New World held promises of fame and fortune. As explorers sailed into dangerous waters, the need for faster trade routes grew. The mythical land of California promised the most riches and best adventures yet. But who would get there first? So began the quest for the West!"-- Provided by publisher.
Identifiers: LCCN 2019016042 (print) | LCCN 2019981130 (ebook) | ISBN 9780743912600 (paperback) | ISBN 9780743912617 (ebook)
Subjects: LCSH: California--Discovery and exploration--Juvenile literature. | California--History--To 1846--Juvenile literature.
Classification: LCC F851.5 .H4518 2020 (print) | LCC F851.5 (ebook) | DDC 979.4/01--dc23
LC record available at https://lccn.loc.gov/2019016042
LC ebook record available at https://lccn.loc.gov/2019981130

Teacher Created Materials

5301 Oceanus Drive
Huntington Beach, CA 92649-1030
www.tcmpub.com

ISBN 978-0-7439-1260-0

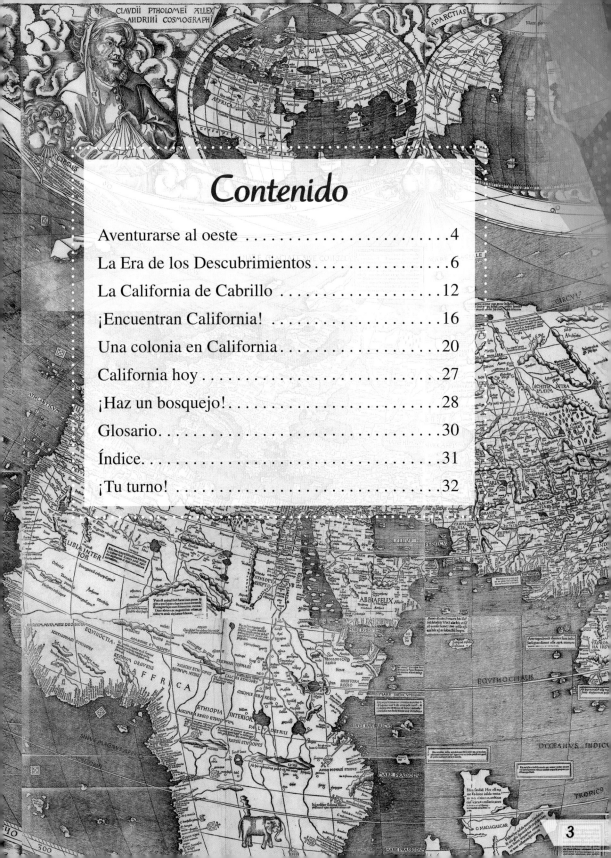

Contenido

Aventurarse al oeste 4

La Era de los Descubrimientos 6

La California de Cabrillo 12

¡Encuentran California! 16

Una colonia en California 20

California hoy 27

¡Haz un bosquejo! 28

Glosario 30

Índice 31

¡Tu turno! 32

Aventurarse al oeste

Imagina un lugar con montañas de oro. Los únicos habitantes son unas mujeres guerreras. La bella y poderosa reina Calafia las gobierna. Su reino se llama California. Algunas personas en Europa habían oído esta historia sobre una tierra lejana. Nadie nunca había estado allí. Parecía el relato de un sueño.

Esta clase de historias llevó a las personas a explorar el mundo. Exploradores como Marco Polo inspiraron a otros. Marco Polo era de Italia. Viajó a la China, la India y otras partes de Asia. Regresó con sedas y especias para los europeos. En 1298, publicó un libro sobre sus aventuras. El libro alentó a otros a buscar rutas nuevas y más rápidas a Asia. Algunos exploradores intentaron navegar hacia el oeste. No encontraron ninguna ruta nueva a Asia. Pero sí descubrieron nuevas tierras.

Sedas y especias

Los exploradores viajaban en busca de especias y telas. Aunque sea difícil imaginarlo hoy, la canela, la nuez moscada, la pimienta y otras especias eran muy valiosas en aquella época. Las personas estaban dispuestas a pagar pequeñas fortunas por ellas.

Economía

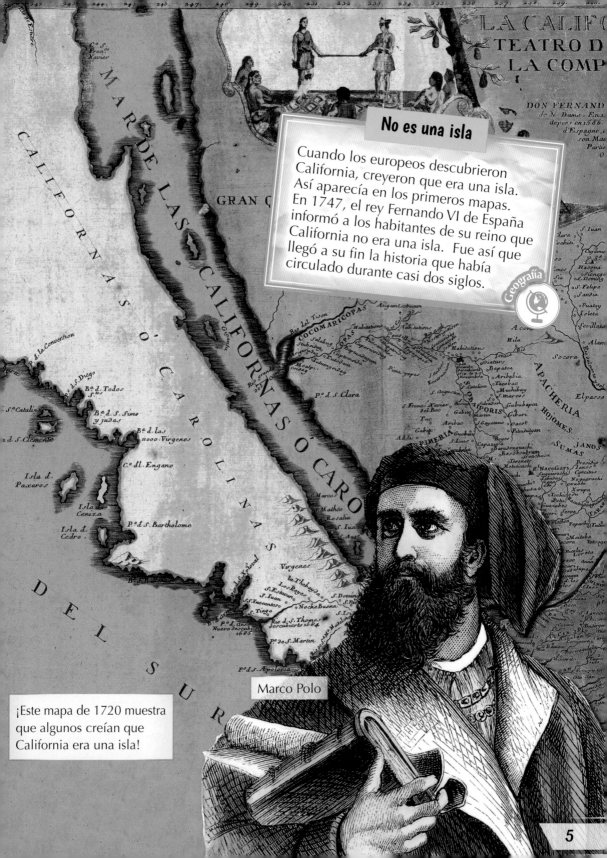

LA CALIFO
TEATRO D
LA COMP

DON FERNAND
de N. Dame . En s.
depuer en 1586.
d'Espagne,
son Ma
Partir

MAR DE LAS CALIFORNAS Ó CALIFORNAS Ó CAROLINAS Ó CARO

DEL SUR

No es una isla

Cuando los europeos descubrieron California, creyeron que era una isla. Así aparecía en los primeros mapas. En 1747, el rey Fernando VI de España informó a los habitantes de su reino que California no era una isla. Fue así que llegó a su fin la historia que había circulado durante casi dos siglos.

Geografía

Marco Polo

¡Este mapa de 1720 muestra que algunos creían que California era una isla!

La Era de los Descubrimientos

La Era de los Descubrimientos comenzó a principios del siglo xv. A esta época también se la conoce como la *Era de las Exploraciones.* Esto se debe a que muchos europeos descubrieron y exploraron partes del mundo que no conocían. Exploradores de Portugal, España, Inglaterra, Francia y los Países Bajos competían entre sí. Esperaban llevar las riquezas de Asia a sus países de origen. Y todos querían ser los primeros en hacerlo.

Enrique el Navegante era un príncipe de Portugal. En 1415, navegó a lo largo de la costa de África. Eran aguas peligrosas y agitadas. Él fue el primero en tomar esa ruta. Los nuevos mapas, barcos e invenciones, como la brújula, lo ayudaron a no perder el rumbo.

El principal **rival** de Portugal en ese momento era España. Ambos reyes esperaban expandir sus **imperios** por todo el mundo. En 1492, el rey de España apoyó a su propio explorador. Se llamaba Cristóbal Colón. Él se arriesgó y navegó hacia el oeste. Después de 10 semanas de un viaje largo y difícil, desembarcó en el Nuevo Mundo. Su viaje marcó un antes y un después en la historia.

Dar nombre a América

El primer mapa del Nuevo Mundo se trazó en 1507. "América" fue el nombre elegido para la enorme **masa de tierra** que luego sería América del Norte y América del Sur. El nombre provenía del explorador italiano Américo Vespucio. Se creía que él había descubierto la nueva tierra. Era un error, ¡pero el nombre quedó!

Los barcos de vela españoles

Los exploradores españoles navegaban en barcos llamados *galeones*. Los galeones se usaban tanto para el comercio como para la guerra. Con tres **mástiles** principales, podían ir a gran velocidad por el agua. Los galeones tenían mucho espacio en sus bodegas para transportar a Europa el oro y los demás tesoros que se encontraban en el Nuevo Mundo.

Soldados de la fortuna

Los **conquistadores** eran soldados de España. Navegaban hacia el Nuevo Mundo en busca de oro y tierras para su rey. Los conquistadores eran muy avanzados para su época. Llevaban trajes hechos de **cota de malla**. Tenían armas de acero, y en sus naves había cañones. Muchos usaban **ballestas** y **arcabuces** en las batallas.

Los conquistadores eran **despiadados**. A partir de 1519, durante dos años destruyeron todo a su paso en el Nuevo Mundo. Derribaron grandes imperios, como el azteca, el inca y el maya. Al hacerlo, reclamaron las tierras para la corona española.

Los conquistadores reclamaron tierras en gran parte de América Central y América del Sur. Pero eso no les alcanzó. Habían oído leyendas de que había oro en el norte. En 1533, el conquistador Hernán Cortés envió a algunos de sus hombres a explorar la costa. Ellos fueron los primeros europeos que pisaron Baja California, pero pensaron que era una isla. Aquellos hombres llamaron *California* a esa tierra en honor a la reina de un famoso libro español.

ballesta

Los conquistadores usaban armaduras de hierro.

Hidalgos

Algunos conquistadores eran también de la nobleza. A estos soldados se los llamaba hidalgos. Siempre tenían las armas y los caballos listos para entrar en batalla tan pronto como se los llamara.

Cortés, el conquistador

Cortés fue uno de los primeros conquistadores. Exploró México junto a sus hombres. Relató sus aventuras en cartas que enviaba a España. Esas cartas lo convirtieron en toda una leyenda en ese país.

Cortés y sus hombres combaten en México.

río Colorado

El río Colorado

Francisco de Ulloa navegó aguas arriba por la Costa Oeste hasta llegar a una zona de poca profundidad. Unos **bancos de arena** bloquearon su camino y ya no pudo continuar con el viaje. Allí advirtió que lo rodeaba una fuerte **corriente** de agua. Pensó que debía haber un río cerca. Tenía razón. Había descubierto el **delta** del río Colorado.

Geografía

delta

Esta foto del delta del río Colorado fue tomada desde el espacio.

El estrecho de Anián

Los conquistadores no fueron los únicos exploradores españoles que llegaron al Nuevo Mundo. Había otros navegantes que buscaban una ruta marítima que conectara el océano Atlántico con el Pacífico. Los ingleses llamaron a esta ruta *paso del Noroeste*. Los españoles la conocían como *estrecho de Anián*. Pero esa ruta no existía. Nadie lo sabía porque no había mapas precisos. La única forma de saber si la ruta existía era navegar hacia el Nuevo Mundo en persona.

El explorador español Francisco de Ulloa se propuso encontrar el estrecho de Anián en 1539. Primero, navegó aguas arriba por la costa de México. Luego, regresó bordeando la costa de lo que hoy es Baja California. Después de eso, navegó hacia el sur rodeando el extremo de América del Sur, y desde allí volvió a España. No encontró nunca la ruta marítima. Pero sí demostró que Baja California no era una isla.

El paso del Noroeste

Henry Hudson fue un explorador inglés. Fue uno de los muchos que partió en busca del paso del Noroeste. Todos sus intentos fracasaron, y nunca se encontró esa ruta marítima. Hoy en día, tanto el río Hudson como la bahía de Hudson en Nueva York se llaman así en su honor.

En 1610, Hudson llega al actual territorio de Canadá.

La California de Cabrillo

Nadie sabe dónde ni cuándo nació Juan Rodríguez Cabrillo. La mayoría de las personas piensan que fue alrededor de 1475. Algunos dicen que era huérfano. Su infancia es un misterio. Lo que no es un misterio es cómo influyó en el futuro de California.

El primer viaje conocido de Cabrillo fue a las Antillas. Navegó con Pánfilo de Narváez hacia Cuba. Después de ese primer viaje, Cabrillo quedó encantado. A pesar de su juventud, era un guerrero hábil. Esas destrezas convencieron a Narváez de llevar a Cabrillo en otros viajes. Los dos navegaron juntos en varias ocasiones.

Cuando Narváez zarpó en 1520, Cabrillo se embarcó con él. La tripulación iba a México. Su objetivo era arrestar a Cortés por no seguir las órdenes del rey. Después de que Narváez fue derrotado, ¡Cabrillo se cambió de bando! Se unió a los conquistadores de Cortés. Anduvo por distintas partes de México. Luego, se estableció en el actual territorio de Guatemala.

Hernán Cortés

La captura de Cortés

Al gobernador español de Cuba no le gustó nada cuando supo que el viaje comercial de Cortés se había vuelto violento. Mandó a Narváez para que lo arrestara por **traición**. Cortés se enteró del plan. Sorprendió a los soldados de Narváez por la noche. Narváez tenía cuatro veces más soldados que Cortés. Pero Cortés logró la victoria con su ataque sorpresa.

Civismo

Map of the West Indies

El gran galeón

En 2011, el Museo Marítimo de San Diego comenzó a construir una **réplica** del San Salvador. Los trabajos duraron cuatro años. El buque mide 92 pies (28 metros) de largo y 24 pies (7 metros) de ancho. Al igual que el galeón original, la réplica está hecha de madera. Cuando los mástiles están en alto, el buque llega a los 60 pies (18 metros) de altura.

La réplica del San Salvador está abierta al público.

Velas al viento

El 27 de junio de 1542, Cabrillo partió en una nueva expedición. Esperaba encontrar tesoros y el estrecho de Anián. Él y su tripulación zarparon en tres barcos, con Cabrillo a bordo del San Salvador. Cabrillo usó los mapas más precisos de la época. Eso lo ayudó a navegar a lo largo de la costa escarpada.

Navegaron aguas arriba por la costa de México. A veces, tenían que esperar unos días a que el viento cambiara. Si soplaba en la dirección correcta, podían avanzar más rápido. El viaje fue largo. Pero ¡estaban entusiasmados por lo que podrían encontrar! Tres meses después del comienzo del viaje, entraron en lo que hoy es la bahía de San Diego. ¡Cabrillo había llegado a California! Llamó San Miguel a la bahía.

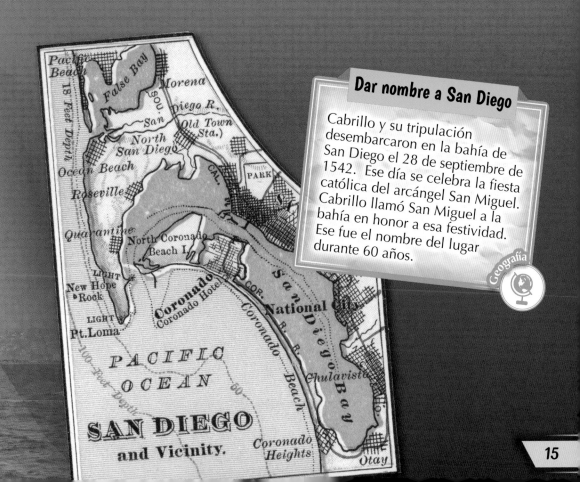

Dar nombre a San Diego

Cabrillo y su tripulación desembarcaron en la bahía de San Diego el 28 de septiembre de 1542. Ese día se celebra la fiesta católica del arcángel San Miguel. Cabrillo llamó San Miguel a la bahía en honor a esa festividad. Ese fue el nombre del lugar durante 60 años.

Geografía

¡Encuentran California!

Cabrillo y su tripulación se quedaron en la bahía de San Miguel durante seis días. Luego, navegaron hacia el norte, pasando la isla Santa Catalina. A continuación, desembarcaron en la bahía de San Pedro, justo al sur de lo que hoy es Los Ángeles. Fueron los primeros europeos en pisar esas tierras.

Después, descubrieron Santa Bárbara y las islas del Canal. La tribu chumash que vivía allí le contó a Cabrillo sobre el gran río que había al norte. Cabrillo pensó que quizá fuera el atajo hacia Asia que estaban buscando. Reunió a su tripulación y partió de nuevo hacia el norte.

La tripulación se enfrentó al mal tiempo y a fuertes tormentas cuanto más hacia el norte avanzaba. En un momento, el San Salvador quedó aislado de los otros dos barcos de Cabrillo. Pero los hombres siguieron rumbo al norte. Algunos historiadores creen que Cabrillo logró llegar al río Ruso, cerca de Santa Rosa. Pero las tormentas eran demasiado fuertes, y la tripulación tuvo que volver. En su viaje de regreso a las islas del Canal, Cabrillo resultó herido. Murió poco después a causa de sus problemas de salud. Su descubrimiento de California lo convertiría en leyenda.

Explorer of California 1542

29 USA

Juan Rodríguez
CABRILLO

Nadie lo sabe

Cabrillo murió en la isla de San Miguel, una de las islas del Canal. Se dice que está enterrado en la isla. Pero nadie lo sabe con seguridad. Ni siquiera se sabe exactamente cómo murió. Hay quienes afirman que se fracturó un brazo. Otros dicen que se fracturó una pierna. La herida se infectó, y él cayó gravemente enfermo. Cabrillo nunca se recuperó.

El monumento a Cabrillo mira hacia la bahía de San Diego.

Nuevas exploraciones

Los gobernantes de España no apreciaron el descubrimiento de Cabrillo. Después de todo, no había encontrado el estrecho de Anián. Y los rumores sobre las ciudades de oro parecían falsos. La corona española no tenía interés en California, y se despreocupó de ella durante años. Luego, Inglaterra envió a Sir Francis Drake al Nuevo Mundo. Él reclamó California para Inglaterra en 1579. Después de eso, los gobernantes de España volvieron a interesarse por esas tierras.

Descubrimiento de la bahía de Drake

Sir Francis Drake fue un explorador inglés. ¡También era un pirata! Capturaba naves españolas y les robaba sus tesoros. Drake anclaba su barco en Punta Reyes, al norte de San Francisco. Hoy en día, ese lugar se llama bahía de Drake.

En 1602, Sebastián Vizcaíno partió desde Nueva España hacia California. Los españoles querían que trazara un mapa exacto del área. También se suponía que debía encontrar un nuevo puerto para el comercio. Le llevó seis meses llegar a la bahía de San Miguel. Al desembarcar, Vizcaíno cambió el nombre de la bahía a bahía de San Diego. Siguió viaje hacia el norte y descubrió la bahía de Monterrey. Describió la bahía como "el mejor puerto que uno podría esperar". Pero se equivocó. Su informe sobre la bahía fue tan engañoso que los siguientes barcos que pasaron por allí no pudieron reconocerla. La tripulación de esos barcos no podía creer que estaba ante la bahía que Vizcaíno había descrito.

Romper las reglas

A Vizcaíno se le ordenó que no cambiara el nombre de ninguno de los **puntos de referencia** que Cabrillo había descubierto. Pero ¡igualmente lo hizo! Aseguraba que las descripciones que Cabrillo había hecho de esos sitios no eran precisas. Los nombres de Vizcaíno son los que aún se usan hoy. Entre ellos, están los de la bahía de San Diego y el río Carmel.

La bahía de Monterrey es uno de los lugares en los que desembarcó Vizcaíno.

Una colonia en California

Después del viaje de Vizcaíno a California, los gobernantes españoles volvieron a olvidarse de la región. Los europeos no regresaron allí por más de un siglo. En 1741, Vitus Bering descubrió Alaska y la reclamó para Rusia. Junto a su tripulación, exploraba esa zona en busca de pieles para comerciar. Aunque Bering murió ese año, su tripulación siguió adelante. Al año siguiente, partieron de Alaska. Fueron al sur para buscar más pieles.

Los gobernantes británicos y españoles se enteraron de que los rusos avanzaban hacia el sur. Esa noticia los preocupó. Los líderes de ambos países pensaban que California les pertenecía. Temían que los exploradores rusos presentaran un tercer reclamo sobre la tierra.

Los primeros viajes no habían asegurado las tierras para España. Los exploradores no habían establecido ninguna colonia allí. El rey de España sabía que tenía que actuar rápido. Envió un barco en 1769. El objetivo de la tripulación era colonizar las tierras para España. Había soldados y sacerdotes católicos entre la tripulación. Los sacerdotes habían oído relatos sobre los pueblos indígenas que vivían en California. Pensaron que su misión era **convertir** a esos pueblos a la fe católica.

estrecho de Bering

En honor a Bering

Bering fue un explorador de Dinamarca. Navegó a lo largo de la costa norte del Pacífico al servicio de Rusia. Hizo muchos descubrimientos importantes. En la actualidad, el estrecho de Bering y el mar de Bering llevan su nombre.

Geografía

¿Por qué tantos cambios?

Inglaterra es parte de un grupo de países. En 1707, Escocia, Inglaterra y Gales se unieron y formaron Gran Bretaña. En 1801, se sumó Irlanda del Norte. El conjunto de países pasó a llamarse Reino Unido. Hoy en día, se siguen usando los nombres Gran Bretaña y Reino Unido.

Los exploradores usaban distintos instrumentos para navegar por los océanos.

Los pueblos indígenas de California

Los españoles comenzaron a colonizar la región en 1769. En ese momento, había más de 300,000 indígenas en California. Los indígenas norteamericanos habían vivido en esas tierras durante miles de años. Esas tribus tenían sus propias lenguas y **culturas**.

Las tribus de California habían elegido su hogar por razones específicas. Usaban distintos puntos de referencia, como arroyos, montañas, lagos y senderos, para marcar el lugar donde vivían. Usaban los materiales que tenían a su alrededor para construir su hogar. Todo, desde la ropa hasta las armas, provenía de la tierra.

La tierra también definía cómo vivían. Si las tribus vivían cerca de un lago o un arroyo, pescaban. Si en la tierra había muchos árboles, comían bellotas. La mayoría de las tribus cazaban y recolectaban sus alimentos. Tenían cuidado de no cazar ni pescar demasiado. Querían asegurarse de que hubiera suficiente comida para todos.

Cuando los sacerdotes católicos comenzaron a construir las **misiones**, decidieron ubicarlas cerca de donde vivían las tribus. De esta manera, sería fácil estar en contacto con ellas. Estas misiones se convirtieron en los primeros asentamientos europeos importantes en California.

Destrezas especiales

La tribu chumash vivía cerca de Santa Bárbara. Vivía cerca del océano, así que conocía muy bien el mar. Sus chozas (como se muestra aquí) tenían techo curvo y estaban hechas de paja. Los chumash construían canoas y remos con tablas de madera. También fabricaban herramientas de piedra y tejían cestos.

Tradiciones perdidas

Los colonos españoles se encontraron con muchas tribus en el área de la bahía de San Francisco. Cuando los españoles ocuparon esas tierras, obligaron a estas y otras tribus a abandonar su estilo de vida. Muchas de las danzas, lenguas y costumbres de esos pueblos se perdieron. La pintura de abajo ilustra una danza tradicional del pueblo muwekma ohlone. Esta tribu ha sobrevivido al enseñar su lengua y sus costumbres a las generaciones más jóvenes.

misión de San Juan Capistrano

San Juan Bautista

En 1797, se fundó la misión de San Juan Bautista. La misión se instaló junto a la **falla** de San Andrés. Su iglesia es la más grande de todas las misiones construidas por los españoles. Esta misión era reconocida por su coro de niños indígenas.

Los españoles construyeron 21 misiones en California. Pero pronto España perdería el control de la región. En 1821, México se separó de España. Los gobernantes mexicanos dividieron las tierras de la misión. Dieron **concesiones de tierras** a los agricultores. Con eso esperaban proteger las tierras. Más pobladores llegaron a California.

Tiempo después, Estados Unidos quiso las tierras de California. Se enfrentó con México en una guerra. En 1848, ambos países firmaron un acuerdo y la guerra terminó. México vendió las tierras a Estados Unidos. Más gente llegó a California.

Ese mismo año, se encontró oro en un aserradero conocido como Sutter's Mill. Personas de todo el mundo **inundaron** la región. El verdadero valor de California no fue reconocido de inmediato. En realidad, debieron pasar 300 años desde que Cabrillo navegó por la bahía de San Miguel para que se apreciara su valor.

misión de San Antonio

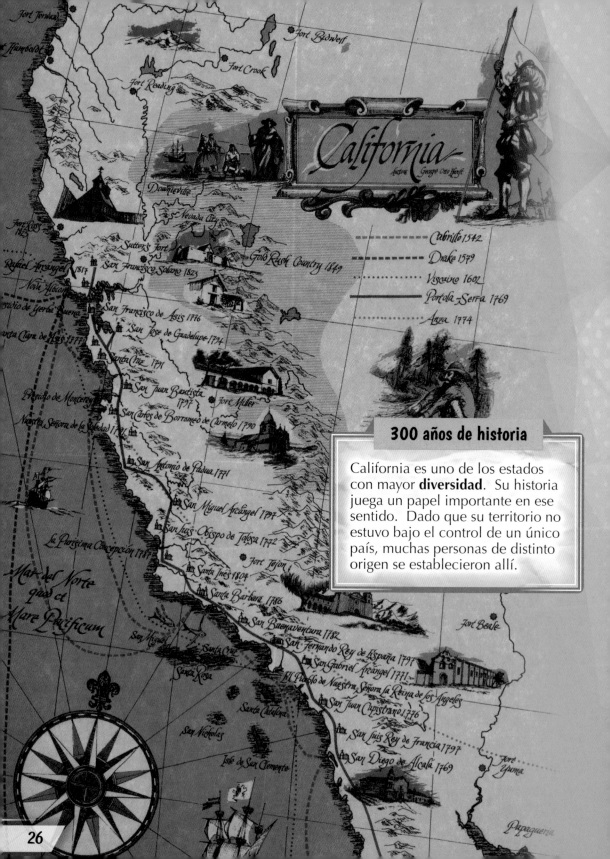

California

Auctor George Otto Henfe

Cabrillo 1542
Drake 1579
Viscaino 1602
Portola - Serra 1769
Anza 1774

300 años de historia

California es uno de los estados con mayor **diversidad**. Su historia juega un papel importante en ese sentido. Dado que su territorio no estuvo bajo el control de un único país, muchas personas de distinto origen se establecieron allí.

California hoy

California tiene mucho que ofrecer. Tiene un clima cálido, tierras fértiles, playas hermosas y más. Es difícil creer que los exploradores españoles no apreciaran el valor de la región cuando la hallaron. Pensaron que encontrarían ciudades bañadas en oro. Cuando no fue así, se marcharon. Cuando regresaron 100 años después, el mundo finalmente reconoció las riquezas de California.

Muchos países lucharon por las tierras en los siguientes 200 años. Sus gobernantes llegaron a declarar la guerra por ellas. En distintas oportunidades, la región perteneció a España, Inglaterra, Rusia y México. En 1848, Estados Unidos obtuvo las tierras.

Hoy en día, California es el estado más rico de la nación. También tiene más habitantes que cualquier otro estado. Los países que alguna vez reclamaron sus tierras se ven reflejados en la diversidad de la población del estado.

¿Dónde está la bahía?

La bahía de San Francisco es más grande que las de San Diego y San José juntas. Pero a los exploradores les costó mucho encontrarla. Muchos navegaron por los alrededores sin verla. Era difícil verla porque estaba oculta tras la bruma marina. Gaspar de Portolá, un militar español, finalmente la descubrió en 1769. Pero llegó a ella por tierra, no por mar.

Geografía

¡Haz un bosquejo!

Cuando los exploradores se dirigían a nuevas tierras, se guiaban con las estrellas, el Sol y los mapas para no perder el rumbo. Pero esos mapas no siempre eran exactos. Ahora, es tu turno de hacer un mapa para que otras personas lo usen.

Primero, camina por tu vecindario. Toma nota de cualquier punto de referencia que sea fácil de identificar para los demás. Pueden ser árboles, patios de juegos, estacionamientos o casas. Deben ser cosas que no se mueven. No pongas personas ni carros en el mapa, porque no se quedan todo el tiempo en el mismo lugar.

Elige uno de los puntos de referencia como herramienta para medir la distancia en tu mapa. Una vez que tengas listas las anotaciones, haz un bosquejo de tu vecindario. Añade colores y una clave. Cuando estés creando el mapa, no uses ninguna herramienta que los exploradores no tuvieran durante la Era de los Descubrimientos. Es decir, no puedes usar internet ni atlas modernos.

Luego, intercambia los mapas con un amigo o una amiga. Fíjate si puedes encontrar algún punto de su vecindario usando solamente el mapa.

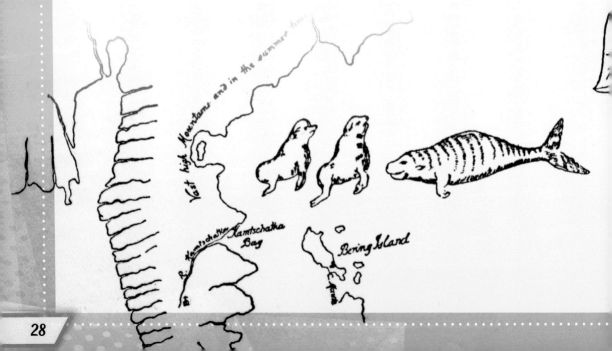

Glosario

arcabuces: armas de fuego antiguas, muy pesadas, que se colocaban en trípodes

ballestas: armas que disparan flechas

bancos de arena: áreas de arena acumulada cuya parte superior está cerca o justo por encima de la superficie de una masa de agua

concesiones de tierras: contratos que otorgan la propiedad de parcelas de tierra

conquistadores: soldados españoles del siglo XVI

convertir: hacer cambiar de religión o creencia

corriente: un movimiento continuo de aire o agua en una misma dirección

cota de malla: una especie de tela protectora formada por anillos de metal entrelazados

culturas: creencias y estilos de vida de diferentes grupos de personas

delta: el terreno que se forma cuando un río se divide en ríos más pequeños antes de correr hacia un océano

despiadados: que no tienen piedad ni compasión

diversidad: una gran cantidad de cosas diferentes

falla: una fractura de la corteza terrestre

imperios: grupos de países controlados por un solo gobernante

inundaron: llegaron en gran cantidad

masa de tierra: una gran extensión de tierra, como un continente

mástiles: postes altos que sujetan las velas de un bote o un barco

misiones: lugares o edificios donde se realiza una obra religiosa

puntos de referencia: objetos o estructuras que son fáciles de ver y pueden servir como guía para localizar un lugar

réplica: una copia exacta o casi exacta de algo

rival: una persona o un equipo que compite con otros

traición: un delito que se comete contra el propio país

Índice

Asia, 4, 6, 16

bahía de San Miguel, 15–16, 19, 25

Bering, Vitus, 20

Cabrillo, Juan Rodríguez, 12, 15–19, 25

Calafia, reina, 4

chumash, 16, 22

Colón, Cristóbal, 6

conquistadores, 8–9, 11–12

Cortés, Hernán, 8–9, 12–13, 32

Drake, Sir Francis, 18

Enrique el Navegante, príncipe, 6

Escocia, 21

España, 5–6, 8–9, 11, 18, 20, 25, 27

estrecho de Anián, 11, 15, 18

Fernando VI, rey, 5

Francia, 6

Gales, 21

Gran Bretaña, 21

hidalgos, 8

Hudson, Henry, 11

indígenas de California, 22

Inglaterra, 6, 18, 21, 27

Irlanda del Norte, 21

México, 9, 11–12, 15, 25, 27

misiones, 22, 24–25

Narváez, Pánfilo de, 12–13

Países Bajos, 6

paso del Noroeste, 11

Polo, Marco, 5

Portolá, Gaspar de, 27

Portugal, 6

Reino Unido, 21

Rusia, 20, 27

sacerdotes, 20, 22

San Diego, 14–15, 17, 19, 27

San Salvador, 14–16

Ulloa, Francisco de, 10–11

Vizcaíno, Sebastián, 19–20

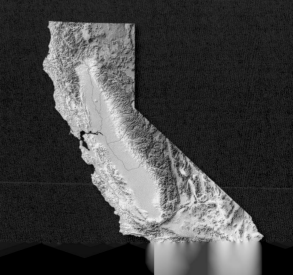

¡Tu turno!

Escudo simbólico

Un escudo de armas es un conjunto de símbolos y colores que forman un escudo. Representa a una persona o una familia. En el extremo superior izquierdo de la imagen, está el escudo de armas de Cortés.

Crea tu propio escudo de armas. Dibuja un escudo y divídelo en cuatro secciones. Piensa en cuatro símbolos y colores que te representen a ti o a tu familia. Coloca al menos un símbolo y un color en cada sección. Escribe por qué decidiste incluir esos símbolos y colores.